NOUVEL

ALPHABET

DES

PREMIÈRES CONNAISSANCES

PAR

Mme DOUDET

ILLUSTRÉ DE QUARANTE-CINQ VIGNETTES

PARIS

THÉODORE LEFÈVRE, LIBRAIRE

SUCCESSEUR DE J. LANGLUMÉ

RUE DES POITEVINS, 2

NOUVEL ALPHABET

DES

PREMIÈRES CONNAISSANCES

PAR

Mᵐᵉ DOUDET

PARIS

THÉODORE LEFÈVRE, LIBRAIRE

SUCCESSEUR DE J. LANGLUMÉ

RUE DES POITEVINS, 2

1863

LETTRES MAJUSCULES

A B C

D E F

G H I

J K L

M N O

P Q R

S T U

V X Y Z

LETTRES MINUSCULES

a b c d e f

g h i j k l

m n o p q r

s t u v x y z

LETTRES ITALIQUES

a b c d e f g h

i j k l m n o p

q r s t u v x y z

LETTRES ANGLAISES MAJUSCULES ET MINUSCULES

LETTRES RONDES MAJUSCULES

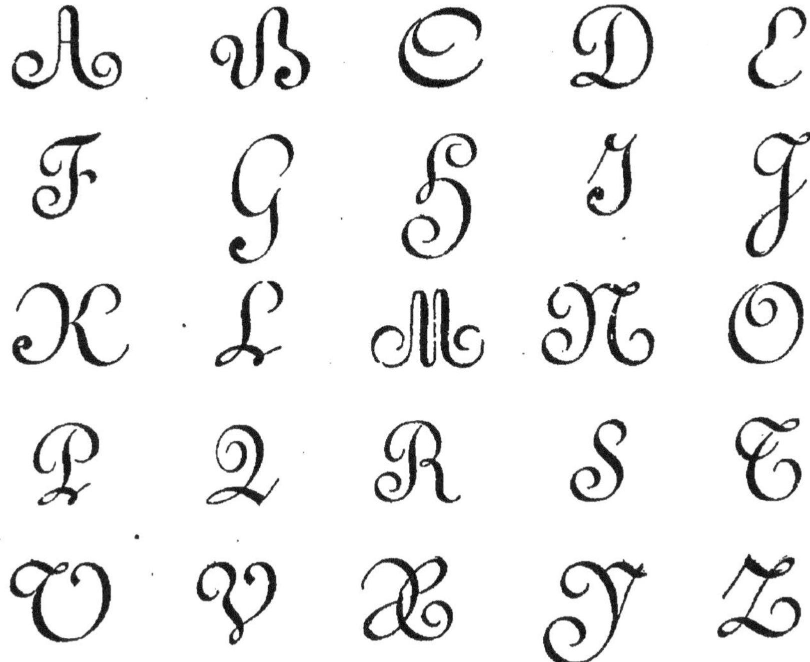

LETTRES RONDES MINUSCULES

LETTRES GOTHIQUES MAJUSCULES

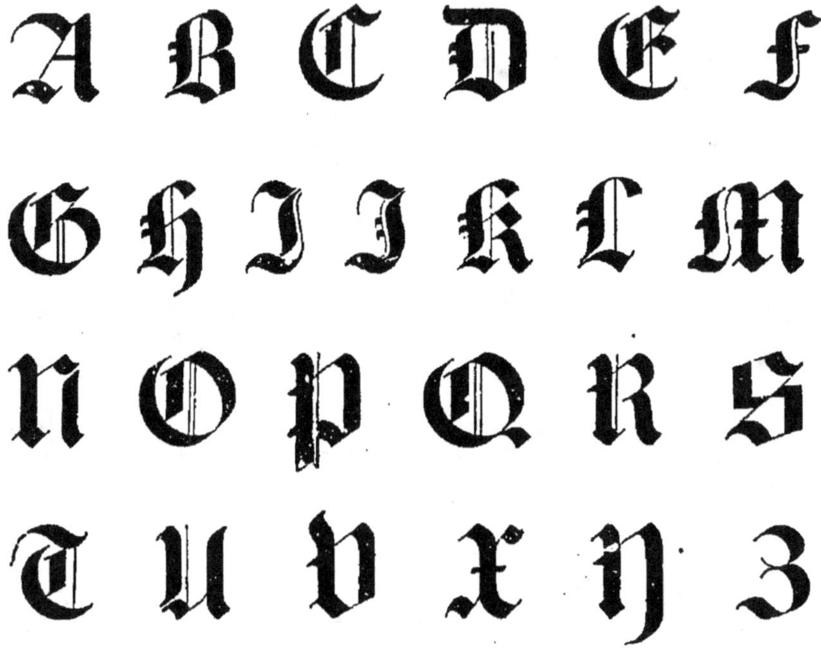

LETTRES GOTHIQUES MINUSCULES

LETTRES DOUBLES

æ œ fi fl ff ffi ffl w

VOYELLES

a e é è ê i o u y

CONSONNES

b c d f g h j k l m
n p q r s t v x z

SYLLABES

ba   ca   da   fa   ga
ja   la   ma   na   pa
ra   sa   be   ce   de
fe   ge   je   le   me

ne	pe	re	se	bi
ci	di	fi	gi	ji
li	mi	ni	pi	ri
si	ti	xi	bo	co
do	fo	go	jo	lo
mo	no	po	ro	so
to	vo	xo	bu	du
fu	gu	lu	mu	nu
ju	su	tu	vu	xu

MOTS D'UNE SYLLABE

arc	air	art	bas
bal	col	cru	cri
dur	dos	eau	feu
fer	gai	nid	sot
pas	nul	loi	foi

MOTS DE DEUX SYLLABES

a-mi	du-pe	ga-re
ju-ge	hi-bou	é-tui
pa-pa	do-do	din-de
na-vet	or-tie	ro-be
ta-pis	la-pin	ga-ze

MOTS DE TROIS SYLLABES

a-man-de   ba-lan-ce
ce-ri-se   di-net-te
é-tu-de   é-tour-di
fe-nê-tre   gé-né-ral
ga-let-te   gi-ra-fe

MOTS DE QUATRE ET CINQ SYLLABES

pâ-tis-si-er
vo-lon-tai-re
o-ran-ge-rie
im-pé-ra-tri-ce
tem-pé-ra-tu-re

CHIFFRES ROMAINS

I	II	III	IV	V
Un.	Deux.	Trois.	Quatre.	Cinq.

VI	VII	VIII	IX	
Six.	Sept.	Huit.	Neuf.	Dix.

L	C	D	M
Cinquante.	Cent.	Cinq cents.	Mille.

CHIFFRES ARABES

1 2 3 4 5 6 7 8 9 0

Quinze.	15	XV
Trente-trois.	33	XXXIII
Cent dix-sept.	117	CXVII
Cinq cent six.	506	DVI
Mille vingt-trois. . . .	1,023	MXXIII

PETITES PHRASES

Al-lons, le-vez-vous vi-te.
Le dé-jeu-ner est prêt.
Ne res-tez pas au lit é-tant é-veil-lé.
Pour-quoi fai-tes-vous la gri-ma-ce?
Ma-man, mon lait est trop chaud.
Souf-flez des-sus pour le re-froi-dir,
Sans ce-la vous vous brû-le-riez.
Paul est très-mé-chant.
Il res-te-ra en pé-ni-ten-ce.
Il n'a pas vou-lu di-re bon-jour.
Le dî-ner est ser-vi, as-seyez-vous.
At-ten-dez que l'on vous ser-ve.
Man-gez plus pro-pre-ment.
Sur-tout so-yez bien sa-ge.
Ou-vrez-moi la por-te, je vous prie.
Je vais al-ler jou-er dans le jar-din.
Les pois-sons ont des na-geoi-res.
Un che-val a qua-tre jam-bes.

Les oiseaux ont des ailes.

Ils ont un bec et pas de dents.

Le ver de terre rampe.

Le bœuf a des cornes.

Les chats ont des griffes.

Les chiens ont des crocs.

La grenouille vit dans l'eau.

Les chevaux mangent du foin.

Les moutons broutent l'herbe.

Les enfants sages sont aimés.

Il ne faut pas battre les animaux.

Postillon.

SIGNES D'ACCENTUATION

Les accents sont des signes destinés à indiquer la prononciation que l'on doit donner à différentes lettres.

Il y a trois sortes d'accents :

Accent aigu ´,

Accent grave `,

Accent circonflexe ^.

L'accent aigu (´) se met sur les *e* fermés. — Exemple : Été, répété, vérité, marché, mangé, élevé.

L'accent (`) se met sur les *e* ouverts. —Exemple : Père, mère, succès, misère, frère, colère, nègre.

L'accent circonflexe (^) se met sur les voyelles longues. — Exemple : Pâte, tête, même, gîte, hôte, impôt, croûte.

PREMIÈRES CONNAISSANCES

Les arbres ont des racines qui s'étendent bien loin sous la terre.

Elles leur servent à se tenir debout, et c'est par elles qu'ils prennent leur nourriture de la terre.

L'arbre a un tronc : c'est son corps.

Il a des branches : ce sont ses bras.

Il a des rameaux : ce sont ses doigts.

Sur les rameaux il vient des feuilles, des fleurs et même des fruits.

La fleur tombe bien avant la feuille et elle fait place au fruit.

Quand la fleur tombe, le fruit est trèspetit; il grossit peu à peu et le soleil le fait mûrir. Il ne faut pas le cueillir avant qu'il ne soit mûr.

Nous avons cinq sens qui nous servent à voir et à sentir tout ce qui nous entoure. Ce sont :

La Vue, — l'Ouïe, — l'Odorat, — le Goût — et le Toucher.

L'œil est l'organe de la *vue* et nous sert à voir.

L'oreille est l'organe de l'*ouïe*, et nous sert à entendre.

La langue et le palais sont les organes du *goût*, et nous servent à goûter ce que nous mangeons.

Le nez est l'organe de l'*odorat*, et nous sert à sentir.

Les mains sont les organes du *toucher*, et nous servent à sentir ce que nous touchons.

Venez ici, Léon, je vais vous apprendre la division du temps; et, si vous faites bien attention à ce que je vais vous expliquer, je vous conduirai tantôt voir Guignol. Vous savez, où vous vous êtes si bien amusé à

regarder Polichinelle et le pauvre Minet
qui avait un grand sabre au côté.

Le temps est divisé en siècles, années,
mois, semaines, jours, heures, minutes,
et secondes.

Il y a cent années dans un siècle.

Une année est l'espace de douze mois :
Janvier, — Février, — Mars, — Avril, —
Mai, — Juin, — Juillet, — Août, — Sep-
tembre, — Octobre, — Novembre, —
Décembre.

Un mois est composé de trente jours.

Il y a quatre semaines dans un mois et
cinquante-deux dans une année.

Il y a sept jours dans une semaine : Lundi, — Mardi, — Mercredi, — Jeudi, — Vendredi, — Samedi, — Dimanche.

Il y a vingt-quatre heures dans la journée, soixante minutes dans une heure, et soixante secondes dans une minute.

L'année se divise en quatre saisons :

Le Printemps, — l'Été, — l'Automne — et l'Hiver.

Elle commence en janvier, qui est le mois où tous les enfants sages reçoivent des joujoux et des étrennes.

Chaque saison dure trois mois.

Le *printemps* commence le vingt et unième du mois de mars, et finit le 21 Juin. — C'est la saison où tout dans la nature renaît à la vie.

L'*été* commence le 21 juin et finit le 21 septembre. — C'est la saison la plus chaude de l'année, où tous les fruits mûrissent et où l'on coupe le blé pour faire le pain.

L'*automne* commence le 21 septembre

et finit le 21 décembre. — C'est la saison où les feuilles tombent des arbres, où l'on cueille le raisin pour faire du vin ; c'est aussi le temps où votre papa, armé de son fusil et accompagné de Médor, s'en va battre la plaine pour trouver du gibier.

L'*hiver*, qui succède à l'automne, commence le 21 décembre et finit le 21 mars. — C'est la saison où la terre se repose, où le froid fait mourir tous les insectes nuisibles ; mais c'est aussi la saison où les malheureux ont le plus à souffrir, et où nous devons faire notre possible pour les soulager.

La Terre, sur laquelle nous habitons, est ronde, elle a la forme d'une boule.

Cette énorme boule est légèrement aplatie aux deux extrémités, que l'on appelle les pôles.

La terre est infiniment plus petite que le Soleil, autour duquel elle tourne, et elle est cinquante fois plus grande que la Lune.

La Terre a deux mouvements qui se font en même temps : elle tourne sur elle-même, et ce mouvement, qui s'appelle *rotation*, · met vingt-quatre heures à se faire. Pendant ce mouvement, elle présente tous ses côtés au Soleil ; c'est ce qui produit le jour et la nuit.

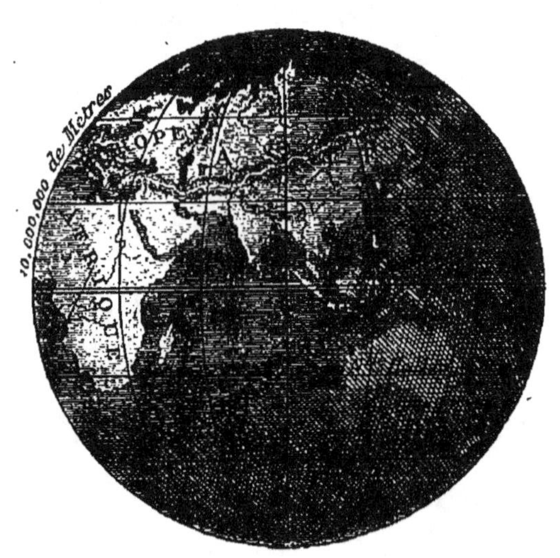

Son autre mouvement est celui qu'elle fait autour du Soleil à une énorme distance. Ce mouvement,

qui s'appelle *translation*, se fait en 365 jours ;
c'est ce qui détermine l'année.

. Le globe terrestre est divisé en terre et en eau.

Les grands amas d'eau prennent différents
noms, suivant leur étendue.

On appelle *mer* une immense étendue d'eau
salée. qui couvre les deux tiers du globe.

Les *fleuves* sont de grands cours d'eau qui vont
de leur source à la mer ; l'endroit où ils s'y jettent
s'appelle embouchure. — Les grands fleuves de
France sont le Rhône, le Rhin, la Loire et la Seine.

Une *rivière* est un cours d'eau plus petit, qui
se jette dans un fleuve à un endroit qu'on appelle
confluent.

Un *ruisseau* est encore plus petit qu'une rivière.

Le haut d'une rivière ou d'un fleuve est l'endroit le plus rapproché de sa *source*.

Le bas, au contraire, est le point le plus près de
son embouchure.

La rive droite d'un cours d'eau est située à la
droite d'une personne qui suivrait le courant, la
rive gauche est le côté opposé.

On appelle source un petit courant d'eau qui
sort de terre, et qui donne naissance quelquefois

à une rivière ou à un fleuve. Tenez, regardez cette gravure, où vous voyez un petit berger qui se désaltère à une source sortant d'un rocher.

Un *lac* est une étendue d'eau entourée de terre de toutes parts.

Un *canal* est une espèce de rivière creusée par la main des hommes pour mettre en communication deux fleuves ou même deux mers.

La terre ferme à son tour est divisée en plaines et en montagnes.

Les *plaines* sont de vastes étendues de terres plates qui sont livrées à la culture ; les montagnes, au contraire, sont des masses de rochers, la plupart du temps incultes, et s'élevant quelquefois à une très-grande hauteur. Les plus grandes chaînes

de montagnes en France sont les Alpes et les Py-
rénées.

On emploie différents noms pour déterminer la
position des diverses parties de la terre. Ces noms
sont appelés Points Cardinaux et sont au nombre
de quatre. Le Nord, l'Est, le Sud et l'Ouest.

Le *Nord*, appelé aussi Septentrion, se place tou-
jours en haut des cartes de géographie, en ayant
l'Ouest à gauche, l'Est à droite et le Sud au bas.

L'*Est*, ou le Levant et encore l'Orient, est le point
où le soleil paraît se lever.

L'*Ouest*, ou le Couchant et aussi l'Occident, est
l'endroit où le soleil semble se coucher.

Le *Sud*, ou le Midi, est le point opposé au Nord.

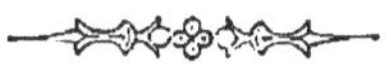

La Terre est divisée en deux continents, c'est-à-
dire en deux grands amas de terre ferme, chacun
d'une vaste étendue.

L'ancien continent comprend trois des parties du monde : l'Europe, l'Asie, et l'Afrique.

Le nouveau continent ne comprend que l'Amérique, qui fait la quatrième.

La cinquième est l'Océanie, qui est formée d'une grande réunion d'îles, c'est-à-dire des parties de terre entourées d'eau de toutes parts.

Des cinq parties du monde l'Europe est la plus petite, mais la plus importante par la civilisation de ses habitants. — Ses principaux États sont la France, l'Angleterre, l'Autriche, l'Italie, la Prusse, l'Espagne et une partie de la Russie et de la Turquie.

L'*Asie* est aussi grande que l'Europe et l'Afrique

INDIEN

réunies, elle a été le berceau du genre humain et de la civilisation, c'est la première contrée qui ait été habitée, et c'est dans cette partie du monde que se sont passés tous les grands événements de l'Ecriture sainte. Sa fertilité est très-grande, et elle possède des mines d'or et d'argent. Ses principaux peuples sont les Indiens, les Chinois, les Japonais, etc.

L'Afrique est le pays le plus chaud du monde, ses habitants ont généralement la peau noire; ils habitent de grands déserts, dans lesquels la civilisation n'a pas encore pénétré. Ces déserts renferment un grand nombre d'animaux sauvages et féroces, tels que le lion, le tigre, la panthère et aussi beaucoup de serpents très-dangereux. L'Algérie, vaste possession française, est située en Afrique sur les bords de la *Méditerranée*.

L'Amérique est une partie du monde aussi vaste à elle seule que les trois autres. Elle compose le nouveau continent découvert en 1492 par Christophe Colomb. Elle se divise en Amérique du Nord et en Amérique du Sud. La fertilité de cette contrée est très-grande; elle produit en abondance le cacao, dont on fait le chocolat, la canne à sucre et le coton. Elle possède, en outre, les plus riches mines d'or et d'argent.

L'Océanie est une grande réunion d'îles situées au sud de l'Asie. La plus vaste est la Nouvelle-

Hollande, qui à elle seule est aussi grande que l'Europe.

Les habitants de ces îles vivent encore pour la plupart à l'état sauvage et sont très-féroces.

Bougainville au milieu des habitans d'Otahiti

Les hardis navigateurs qui ont découvert ces îles y ont couru de très-grands dangers, et plusieurs y ont perdu la vie.

LES ANIMAUX

On a divisé les animaux en différentes classes, selon leur forme et leur manière d'exister.

On en compte cinq, savoir : les Quadrupèdes, les Oiseaux, les Poissons, les Reptiles, et les Insectes.

On appelle *Quadrupèdes* les animaux qui ont quatre pieds, comme le Chien, le Cheval, le Mouton.

Tous les quadrupèdes sont d'abord nourris par le lait de leur mère, et se nourrissent ensuite, les uns d'herbes, les autres de chair.

L'Éléphant est le plus gros des quadrupèdes, et la Souris un des plus petits.

Les *Oiseaux* ont des plumes et des ailes, et ont la faculté de voler ; ils naissent dans un œuf que la femelle a pondu dans un nid, et qu'elle fait éclore ensuite en le couvant.

La plupart des oiseaux se nourrissent de graines et d'insectes, quelques-uns de poissons et d'autres de chair, comme l'Aigle et le Vautour.

Les *Poissons* vivent dans l'eau, dans laquelle ils se meuvent avec l'aide de leurs nageoires ; ils ne font pas de nids pour leurs petits. La mère, tout

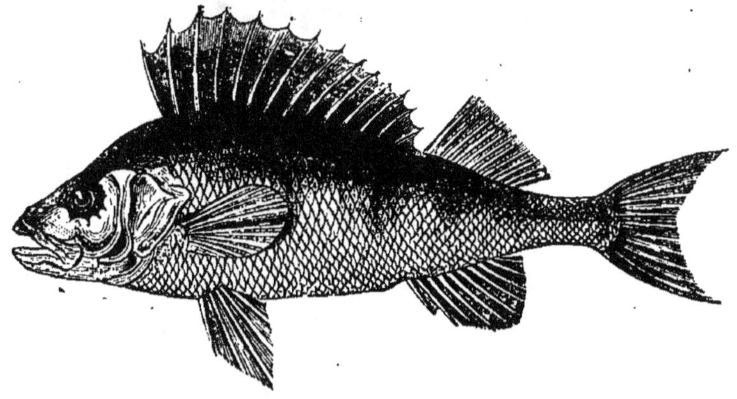

en nageant laisse tomber ses œufs, que le soleil du printemps fait éclore en réchauffant les eaux.

Si chaque œuf pondu venait à éclore, les rivières ne seraient pas assez grandes pour les contenir, mais beaucoup de gros poissons s'en nourrissent de telle sorte que, sur mille œufs pondus par une carpe, c'est tout au plus s'il y en a un qui survit.

On appelle amphibies les animaux pouvant vivre également sur terre et dans l'eau.

Les *Reptiles* sont des animaux qui, n'ayant pas de pattes, rampent sur terre en repliant et en allongeant leur corps, qui est rond, long et très-souple.

La morsure des serpents est très-souvent dangereuse. Les plus redoutables sont : le Serpent Boa, le Serpent à sonnettes et le Python. Les serpents pondent des œufs qu'ils laissent éclore au soleil.

Les *Insectes* sont de petits animaux dont il existe une grande variété : tels que les Hannetons, les Mouches, les Araignées, etc., etc. On en rencontre partout : dans l'air, sur la terre et dans l'eau.

Ce qu'il y a de plus extraordinaire, c'est que

dans le cours de leur existence, quelquefois très-courte, ils subissent plusieurs transformations.

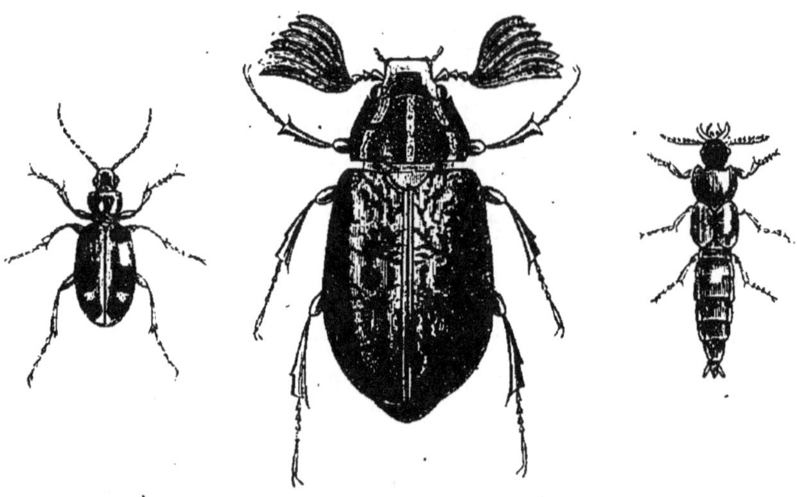

Le papillon, par exemple, est un petit œuf que la température fait éclore, et d'où il sort une chenille, qui se fait une coque de soie, s'y renferme, devient chrysalide, puis un beau matin elle revient à la vie et se transforme en un beau papillon.

PARIS. — IMP. SIMON RAÇON ET COMP., RUE D'ERFURTH.

A LA MÊME LIBRAIRIE

NOUVEL ALPHABET INSTRUCTIF ET PITTORESQUE

Contenant un grand nombre d'exercices de lecture et un choix d'historiettes morales. Un beau volume grand in-8 jésus, illustré de plus de 100 jolies figures dans le texte.

Les 100 figures coloriées. 1 25
— — en noir. . . . . » 50

LE LIVRE DES PETITS ENFANTS

Contenant des exercices de lecture et un Alphabet illustré des animaux. suivi de Compliments et Fables. par Mme DOUBET. In-16.

Joli cartonnage, 50 figures coloriées. 1 75

CONTES A MA PETITE FILLE

ET A MON PETIT GARÇON

Par Mme DE RENNEVILLE. Nouvelle édition, augmentée du *Prince Adolphe.* par Mme WOILLEZ. Un vol. in-12 orné de 12 figures sur acier.

Cartonnage chromo, figures noires. 1 50
— — figures coloriées. . . . . . 2 »

CONTES A MES PETITS ÉLÈVES

Par Mme WETZELL. In-12 orné de 12 figures sur acier.

Cartonnage chromo, figures noires. 1 50
— — figures coloriées.. . . . . 2 »

AVENTURES D'UNE POUPÉE

Ou Histoire de Merveilleuse, par Mme D'HAUTEVILLE. Un joli volume grand in-12, orné de 12 figures sur acier et d'un grand nombre de vignettes dans le texte.

Cartonné, jolie couverture en chromo. 2 60
Relié en toile rouge, écusson spécial, tr. dorée. 3 50
Les figures coloriées. 1 40

PARIS — IMP. SIMON RAÇON ET COMP , RUE D'ERFURTH, 1.